MANUEL

DES

MAITRES DE POSTE

ET DES

ENTREPRENEURS DE VOITURES PUBLIQUES

(Dans leurs Rapports avec les Premiers),

contenant

1. Un aperçu historique sur l'Institution des Postes chez les peuples anciens et modernes ;
2. Des Notions sur leur mode actuel d'administration en France ; — sur la nature et les effets de la concession des relais par le Gouvernement ;
3. Les lois et ordonnances concernant le régime et la police des Relais ;
4. La législation relative à l'indemnité de 25 centimes due par les Entrepreneurs des voitures publiques aux Maîtres de poste dont ils n'emploient pas les chevaux ;
5. La jurisprudence de la Cour de Cassation et des Cours Royales sur cette matière ;
6. Les règles spéciales et les principes du droit commun qui régissent le contrat formé administrativement ou directement pour la conduite des voitures publiques par les Maîtres de poste ;
7. La loi concernant les Vices Rédhibitoires dans les ventes et échanges d'animaux domestiques ;

AVEC DES OBSERVATIONS ET DES NOTES,

PAR C. VANHUFFEL,

Ancien Chef du Contentieux des Messageries Laffitte Caillard et Cie.

Auteur de plusieurs Ouvrages de Législation.

PARIS,

L'AUTEUR, rue Pavée St-André, 5.

DELAMOTTE, libraire, place Dauphine,

DELAUNAY, libraire, au Palais-Royal.

1839.

MANUEL

DES

MAITRES DE POSTE

ET DES ENTREPRENEURS DE VOITURES PUBLIQUES.

PARIS. — IMPRIMERIE DE P. BAUDOUIN,
Rue et hôtel Mignon, 2.

MANUEL

DES

MAITRES DE POSTE

ET DES

ENTREPRENEURS DE VOITURES PUBLIQUES

(Dans leurs Rapports avec les Premiers),

contenant

1. Un aperçu historique sur l'Institution des Postes chez les peuples anciens et modernes ;
2. Des Notions sur leur mode actuel d'administration en France : — sur la nature et les effets de la concession des relais par le Gouvernement ;
3. Les lois et ordonnances concernant le régime et la police des Relais ;
4. La législation relative à l'indemnité de 25 centimes due par les Entrepreneurs des voitures publiques aux Maîtres de poste dont ils n'emploient pas les chevaux ;
5. La jurisprudence de la Cour de Cassation et des Cours Royales sur cette matière ;
6. Les règles spéciales et les principes du droit commun qui régissent le contrat formé administrativement ou directement pour la conduite des voitures publiques par les Maîtres de poste ;
7. La loi concernant les Vices Rédhibitoires dans les ventes et échanges d'animaux domestiques ;

AVEC DES OBSERVATIONS ET DES NOTES,

PAR C. VANHUFFEL,

Ancien Chef du Contentieux des Messageries Laffitte Caillard et Cie,

Auteur de plusieurs Ouvrages de Législation.

PARIS,

DELAUNAY, libraire, au Palais-Royal,

DELAMOTTE, libraire, place Dauphine,

L'AUTEUR, rue Pavée St-André 5.

1839.

AVERTISSEMENT.

Il y a en France 1800 relais de poste dont les titulaires sont régis par des lois spéciales qui créent pour eux des devoirs et des droits particuliers. Une instruction de l'Administration des Postes, approuvée par le ministre des finances, le 29 mars 1832, et qui se trouve dans les mains de tous les Maîtres de relais, peut remplacer, jusqu'à un certain point, le texte des lois précitées, en ce qui concerne les obligations des Maîtres de relais et des postillons envers l'administration et les voyageurs ; mais cette instruction est muette sur les différentes transactions dont les brevets des Maîtres de poste sont susceptibles, et sur leur transmission par succession ; sur le droit de saisie en totalité ou en partie, de leurs gages et de l'indemnité de 25 centimes qui peut appartenir ou non aux créanciers des Maîtres de poste; sur la nature civile ou commerciale des engagemens souscrits par ceux-ci pour achat de chevaux et de fourrages; questions importantes que fait naître la loi du 24 juillet 1793, et dont il faut chercher la solution en dehors des instructions administratives, et dans la jurisprudence du Conseil d'État et des Cours Royales.

La législation relative à l'indemnité de 25 centimes due aux Maîtres de poste par les entrepreneurs de voitures publiques, les nombreuses difficultés que son application a soulevées, et les interprétations des lois et réglemens qui la constituent, par les Cours Royales et la Cour de Cassation, sont des objets dont la connaissance intéresse au plus haut degré les Maîtres de relais, et dont il n'est point fait mention dans les instructions de l'administration.

On y chercherait également en vain des notions sur le contrat administratif ou direct qui a lieu fréquemment entre les Maîtres de poste et les entrepreneurs de messageries, pour la conduite des voitures de ces derniers.

Il nous a semblé qu'un recueil peu volumineux qui présenterait, dans un ordre méthodique, les lois sur l'organisation du service des postes, le régime et la police des relais, la législation sur l'indemnité de 25 centimes, les décisions du Conseil d'État et des Tribunaux concernant les Maîtres de poste dans leurs rapports avec l'administration, les citoyens en général, et les entrepreneurs de voitures en particulier ; les règles spéciales et celles du droit commun, applicables aux traités de relais d'entre les Maîtres de poste et les entrepreneurs de voitures publiques, serait d'une utilité réelle pour les uns et les autres, surtout pour les premiers.

L'aperçu historique sur l'institution des postes chez les peuples anciens et modernes, qui forme une espèce d'introduction à notre recueil, aura, nous l'espérons, quelque attrait pour la classe de lecteurs auxquels nous nous adressons principalement.

Enfin, les Maîtres de poste sont dans le cas, soit pour les besoins du service public dont ils sont chargés, soit comme grands cultivateurs, d'acheter et échanger fréquemment des animaux des espèces chevaline, bovine et ovine ; nous avons pensé que la loi nouvelle concernant les vices rédhibitoires dans les ventes et échanges de ces animaux, accompagnée de quelques notes explicatives, devait, par cette raison, trouver place dans ce recueil.

Nous en aurions volontiers employé une partie à la défense des intérêts des Maîtres de poste, menacés par un projet de reprise des relais pour les mettre en adjudication, ou tout au moins de centralisation du droit de 25 centimes; mais le Mémoire publié à ce sujet par Me Jouhaud, avocat, conseil des Maîtres de poste, nous a paru si concluant, que le danger disparaît à nos yeux, et que notre faible assistance devient superflue.

Nous nous estimerions heureux de voir accueillir notre travail par MM. les Maîtres de poste et les entrepreneurs de messageries avec la bienveillance habituelle que nous leur connaissons.

CHAPITRE PREMIER.

APERÇU HISTORIQUE SUR L'INSTITUTION DES POSTES.

L'usage des courriers est fort ancien : Hérodote dit qu'il y en avait en Perse, et qu'ils étaient fort prompts. Xénophon attribue leur établissement à Cyrus, qui, ayant examiné ce qu'un cheval pouvait faire de chemin en un jour, plaça des relais à la distance de chaque journée de cheval.

Il y avait aussi à Rome des courriers qui changeaient de chevaux, au rapport de Tite-Live et de César : on les nommait *viatores*, et on les envoyait partout où il y avait des ordres, des lettres, des avis, des nouvelles à porter ou à recevoir. Mais les Romains pas plus que les Grecs ne paraissent avoir eu de postes réglées jusqu'au temps de l'empereur Auguste. Il fit construire dans l'étendue de l'empire, qui, comme on sait, comprenait les Gaules, un grand nombre de nouvelles voies, et y établit de distance en distance des stations ou relais; aussi faisait-il en huit jours le trajet de Rome à Lyon.

Ces établissemens suivirent les vicissitudes de l'empire, fleurirent pendant sa prospérité, et déchurent au milieu des révoltes et des invasions dont il fut le théâtre; ils périrent même long-temps avant sa dissolution.

C'est à Charlemagne qu'appartient l'honneur de s'être, le premier en France, occupé de la réorganisation des postes; il employa ses troupes et ses sujets à remettre en état les voies militaires dont les romains avaient sillonné le monde. Vers l'an 807, dit Bergier, Charlemagne ayant réduit sous son empire l'Italie, l'Allemagne et partie des Espagnes, établit trois postes publiques pour aller à ces trois provinces, et pour en venir avec célérité. En créant l'Université de Paris, ce prince lui concéda le droit d'expédier, à son profit, et toutes les fois que la sûreté du royaume n'y mettait pas obstacle, la correspondance des particuliers. De Charlemagne à Louis XI, ceux-ci ne correspondirent entre eux que par l'entremise des messagers que l'Université expédiait, à des époques indéterminées, dans les principales villes du royaume.

Ce ne fut qu'en 1464 que Louis XI rendit, à Doulens, le premier édit régulier sur les postes. Il disposa qu'il serait mis et établi spécialement sur les grands chemins de son royaume, de quatre en quatre lieues, des personnes séables (1), et qui feraient serment de bien et loyalement servir le roy pour tenir et entretenir quatre ou cinq chevaux de légère taille, bien enharnachéz, et propres à courir le galop durant le chemin de leur traite, lequel nombre se pourra augmenter s'il est besoin, etc.

Louis XI, en fondant les postes dans le royaume, n'en voulut pas faire tout d'abord une administration publique et au service de tous. Cependant il est prouvé que peu après la mise à exécution de l'édit sur les postes, et toutes les fois que les intérêts politiques n'y furent pas un obstacle, les particuliers se servirent, pour la transmission de leurs correspondances, des messagers et courriers ordinaires du roi.

Charles VIII mit la France en correspondance réglée avec plusieurs royaumes limitrophes.

En 1563, Charles IX remettait en pleine vigueur l'édit de Louis XI, à l'exécution duquel les troubles et les guerres des règnes précédens avaient porté un coup funeste; Charles IX, disons-nous, fixa l'itinéraire que devaient suivre les dépêches pour l'intérieur, sous peine, pour les contrevenans, de payer une amende de cent livres

(1) L'édit les nomme *Maîtres coureurs.*

tournois, et d'être dépossédés de leurs charges.

En 1576, on donna des messagers réguliers à toutes les villes à parlement où les courriers n'arrivaient pas encore.

Enfin, Henri IV, dans le but louable d'augmenter la facilité des voyages et des communications, créa, en 1597, un établissement destiné à fournir aux voyageurs des chevaux de louage, de traite en traite, sur les grands chemins. Mais cet établissement devenait un rival redoutable pour celui des postes ; on le sentit bientôt, et on fondit les deux administrations en réunissant les relais aux postes : pour concilier autant que possible tous les intérêts, on diminua de moitié le prix payé jusqu'alors par les personnes qui faisaient usage de chevaux appartenant aux maîtres coureurs.

Sous Louis XIII, des améliorations importantes furent introduites dans le service des postes : ainsi, il fut résolu, dès cette époque, que les courriers partiraient de Paris, pour les principales villes du royaume, deux fois par semaine, et qu'ils feraient nuit et jour, pendant les sept mois de la belle saison, une poste par heure. Enfin on leur accorda une heure et demie pour parcourir la même distance pendant les cinq mois d'hiver.

Louis XI avait accordé des priviléges fort étendus aux maîtres coureurs ; ces priviléges consistaient à être exemptés de la taille pour 60 arpens de terre, de la milice pour l'aîné de leurs enfans et le premier de leurs postillons, du logement des gens de guerre, de la contribution pour les frais de guet, gardes et autres impositions.

Plus tard, ces priviléges furent contestés, ravis même aux maîtres de poste; une circonstance particulière les leur fit rendre par Louis XIV, la dernière année de son règne, en 1715.

En 1719, le gouvernement racheta de l'Université de Paris le privilége des messageries qu'elle tenait de Louis XI, et réunit ainsi l'exploitation des messageries et des postes, qui furent l'objet d'une ferme générale. Déjà, en 1663, M. de Louvois avait mis les postes en ferme.

L'Assemblée Constituante, après avoir aboli le régime féodal et les priviléges, ne pouvait laisser subsister ceux des maîtres de poste; aussi les supprima-t-elle par un décret du 25 avril 1790 (1); toutefois, elle accorda à titre d'indemnité, à chacun des maîtres de poste, à compter du jour où leurs priviléges avaient cessé, une gratification annuelle de 30 livres par cheval entretenu pour le service de la poste, d'après le

(1) Renouvelé par un autre décret du 10 juin suivant

nombre de chevaux fixé tous les ans pour chaque relais (1).

En 1792 le service des postes reçut d'importantes améliorations. Jusqu'à cette époque, le transport des dépêches s'était fait à cheval ou par des voitures non suspendues, lourdes, incommodes, découvertes pour la plupart, et attelées d'un seul cheval que conduisait le courrier.

D'abord on remplaça les anciennes voitures par des voitures suspendues, à deux roues et à trois chevaux. Quarante lignes de poste furent desservies par autant de malles-postes entretenues aux frais du gouvernement. Quatorze étaient de première section, c'est-à-dire partaient de Paris; les vingt-six autres faisaient le service des départemens entre eux (2).

Une loi du 24 juillet 1793 organisa les postes et messageries en régie nationale, et attribua aux maîtres de poste la conduite exclusive des malles et diligences, dont elle fixa le prix de conduite à 40 sous par poste et par cheval. En même temps elle supprima l'indemnité annuelle de 30 liv. par

(1) Voir l'art. 12 de la loi du 19 frimaire an VII qui a changé un peu les proportions de cette indemnité.

(2) Décret du 6 septembre 1791.

cheval et toute autre à eux accordée jusqu'alors.

La loi des finances du 9 vendémiaire an VI abolit la régie des messageries nationales, et livra cette exploitation à l'intérêt privé, en établissant toutefois sur cette industrie un impôt du dixième du prix des places des voyageurs et du transport des marchandises.

Quant aux maîtres de poste, on négligea entièrement de stipuler leurs intérêts que le brusque changement de régime compromettait gravement. Le gouvernement reconnut bientôt sa faute. La loi du 19 frimaire an VII rendit aux maîtres de poste les gages et les indemnités qui leur avaient été retirés en 1793.

Cette subvention ne suffit pas; le 23 frimaire an VIII, le prix de la conduite des malles et des voyageurs fut élevé. Ce ne fut encore qu'un palliatif.

Enfin, le 15 ventôse an XIII, intervint la loi motivée sur la désertion générale des relais, qui oblige tout entrepreneur de voitures publiques à payer 25 cent. par poste et par cheval attelé à chacune de ses voitures, au maître du relais dont il n'emploie pas les chevaux.

Cette taxe rapporte aujourd'hui 5 millions répartis entre les maîtres de poste.

Elle produit 112,000 fr. par an au maître de poste de Paris;

24,190 fr. à chacun des relais de la 2e classe.	
13,340	de la 3e
8,285	de la 4e
4,665	de la 5e
1,335	de la 6e

Il résulte d'un tableau comparatif de la marche des malles-postes pendant les années 1814, 1829 et 1836, qu'elles parcourent aujourd'hui une distance totale de 992 postes et demie. Ce trajet, qui exigeait 1178 heures en 1814 et 799 heures en 1829, n'en réclame plus actuellement que 635. C'est une amélioration de 544 heures à laquelle M. Conte, directeur actuel de l'administration des postes, a contribué en quelques années pour 165 heures.

La moyenne de la vitesse des malles-postes, qui était en 1814 de une lieue 2/3 à l'heure, a été portée à 2 lieues 1/2 en 1829, et à 3 lieues 1/8 en 1836; elle atteint aujourd'hui 3 lieues 1/2 par heure. Cette vitesse, pour les malles-estafettes, est portée jusqu'à 4 lieues et 1/2.

Le produit des postes était en 1788 de 12 millions.

En 1804, il n'était évalué qu'à 10 millions.

En 1821, il était monté à plus de 23 millions.

En 1837 et depuis il a dépassé 40 millions. Le produit particulier des malles-postes et paquebots entre dans cette somme pour un peu plus de 2 millions.

En Angleterre le post-office rapporte au gouvernement à peu près 43 millions.

Il s'en faut de beaucoup que, l'Angleterre et les États-Unis exceptés, le service des postes soit aussi bien organisé chez les autres nations de l'Europe et du globe qu'en France.

La forme des malles actuellement en usage pour le service des postes en France, date de 1818; elles vont être incessamment remplacées par des voitures à trois places pour les voyageurs, qui réuniront l'élégance à la commodité, indépendamment de ce qu'elles rempliront toutes les conditions nécessaires pour le service.

Les malles-postes anglaises, semblables à celles que nous avons actuellement, à la disposition de l'impériale près, peuvent transporter dix-huit personnes, au lieu de trois ou quatre qui trouvent place dans les nôtres, et cela ne les empêche pas de faire plus de 3 lieues à l'heure.

Malgré cela, si l'on considère qu'en Angleterre les routes sont parfaites, les chevaux excellens pour la course, et les relais plus courts que les nôtres, on devra reconnaître la supériorité de nos postes sur celles de ce pays.

CHAPITRE II.

DES MAITRES DE POSTE DANS LEURS RAPPORTS AVEC L'ADMINISTRATION PUBLIQUE ET LES CITOYENS.

§ I.

Mode actuel d'administration des postes. — Nature et effets de la concession des relais par le gouvernement. — Les brevets ne sont point une propriété que les titulaires puissent aliéner ou transmettre à leurs héritiers. — Il appartient au ministre des finances de modifier, sans le concours de la législature, le tarif du prix à payer aux titulaires des relais pour la conduite des malles-poste. — Les maîtres de poste ne sont point commerçans. — Ils rentrent dans cette classe, lorsqu'ils se chargent de relayer les voitures des entreprises de messageries et de roulage, ou qu'ils exploitent eux-mêmes de pareilles entreprises.

L'établissement des postes consiste dans des relais de chevaux établis de distance en distance, à l'effet de porter les missives tant du gouvernement que des particuliers; ces relais servent aussi à tous les voyageurs qui veulent en user, en payant toutefois le prix du tarif réglé par le gouvernement.

L'établissement des postes a donc deux objets : 1° le transport exclusif des lettres et des journaux ; dans certains cas, celui des livres brochés, des brochures et des imprimés ; quelquefois aussi la remise des valeurs d'argent ; 2° le transport des voyageurs.

Ce service est régi, au nom et pour le compte du gouvernement, par une administration spéciale dépendante du ministre des finances, qui doit y pourvoir sous sa responsabilité. Il se divise en *poste aux lettres* et *poste aux chevaux*.

Aucune autre autorité que l'administration qui vient d'être désignée, ne peut s'immiscer dans la marche et la direction du service des postes.

Une ordonnance royale du 5 janvier 1831 a réorganisé l'administration des postes ; les places de directeur général, d'administrateur et de secrétaire général ont été supprimées, et elle est dirigée aujourd'hui par un directeur assisté de deux sous-directeurs, formant avec lui le conseil d'administration.

Le directeur est nommé par le roi, et les deux sous-directeurs sont nommés par le ministre des finances.

Depuis la révolution, plusieurs lois et réglemens d'administration publique ont organisé le régime et la police des relais de poste; la loi du 24 juillet 1793 est surtout considérée comme la charte des maîtres de poste.

Ceux-ci sont considérés comme des agens commissionnés d'un service public; dès-lors, et indépendamment des cas de destitution prévus par la loi, l'administration peut, sans être tenue d'en déduire les motifs, retirer une commission qui leur est délivrée pour un temps indéfini, et par cela même jusqu'à révocation.

Toutefois, aux termes des lois sur la matière, les maîtres de poste faisant le service des relais avec des chevaux et un matériel qui leur appartiennent, et avec des postillons de leur choix, moyennant des gages et indemnités proportionnels au nombre de leurs chevaux, sous ce rapport, hors les cas de destitution prévus par la loi, une indemnité peut leur être allouée, eu égard aux circonstances. (*Ordonnances du Conseil d'État* des 23 et 30 août 1832, 22 février 1833 et 17 janvier 1834.)

Il suit de là que si le ministre des finances, en ordonnant le remplacement d'un maître de poste, impose pour condition, au successeur du titulaire révoqué, une indemnité à fixer par experts, au profit de ce dernier, en outre du prix matériel du relais, aucun recours contre le règlement de l'indemnité n'est ouvert au maître de poste révoqué.

La décision relative au règlement de cette indemnité est un acte purement administratif qui ne peut être attaqué devant le Conseil d'État par la voie contentieuse. (*Ordonnance* du 26 juin 1837.)

Le ministre des finances a pu, par des décisions ministérielles, et sans qu'il fût besoin de l'intervention législative, modifier le tarif sur le transport des malles-postes; et spécialement les décisions ministérielles des 27 décembre 1830 et 25 mars 1831, qui ont réduit le prix du transport des malles sur plusieurs routes, de 1 fr. 50 cent. à 1 fr. 12 cent. par cheval, ne contiennent point un excès de pouvoir, et sont obligatoires.

Le pourvoi contre ces décisions a d'ailleurs été régulièrement porté devant le Conseil d'État, auquel, d'après la loi du 14 octobre 1790, il appartient de statuer sur les réclamations d'incompétence et d'excès de pouvoir des autorités administratives. (*Ordonnance* du 23 mars 1833.)

La faculté accordée par l'article 69 de la loi du 24 juillet 1793 aux maîtres de poste, de disposer de leur établissement, comprend, non pas le droit de céder le brevet, mais seulement de présenter un successeur à l'administration, qui est libre de l'agréer ou de le refuser. (*Arrêt de la cour d'Orléans,* du 28 novembre 1837.)

Un brevet de maître de poste n'est pas, comme un office ministériel, une propriété qui, au décès de celui qui en est investi, puisse faire partie de la masse partageable de sa succession.

Si les héritiers du maître de poste décédé n'ont pas présenté au gouvernement un candidat, pour le faire pourvoir du brevet, ils n'ont aucune action à exercer contre celui d'entr'eux qui a été commissionné par le gouvernement, sans aucune réclamation de leur part. (*Arrêt de la cour de Riom,* du 30 mai 1838.)

Lorsque deux individus ont acheté, pour l'exploiter en commun, non seulement le matériel d'un relais de poste, mais encore le brevet de maître de poste, dont l'un d'eux a pu seul être investi par l'autorité, celui des co-propriétaires qui veut faire cesser l'indivision, ne peut demander, ni les tribunaux ordonner la licitation de ce brevet, non plus que des choses qui en sont l'accessoire nécessaire. La seule obligation imposée dans ce cas par l'équité à celui qui a été investi du brevet, et qui veut le conserver, est de tenir compte à l'autre de la moitié de la valeur actuelle de l'établissement, accessoire du brevet, et de tous ses produits appréciables; tels, par exemple, que le droit de présenter un successeur. (*Arrêt précité de la Cour d'Orléans*, du 28 novembre 1837.)

Les maîtres de poste ne sont pas commerçans, et sont affranchis de la patente.

Ils ne sont point justiciables des tribunaux de commerce, à raison des achats de chevaux et de fourrages qu'ils peuvent faire pour le service de la poste, ni pour la vente de ces chevaux quand ils ne sont plus propres à ce service. (***Arrêts de la Cour de Bruxelles***, des 11 janvier 1808 et 30 avril 1812, et de la *Cour de Limoges*, du 1er juin 1821.)

M. Locré, *Esprit du Code de commerce*, tom. viii, pag. 274, croit que les maîtres de poste sont comme les loueurs de carrosses et les loueurs de chevaux, compris dans les définitions de l'article 632 du même code : ceux qui achètent pour louer, dit-il, achètent pour vendre le simple usage de la chose.

M. Pardessus, n° 16, exprime la même opinion dans ces termes : « Celui qui obtient du gouvernement l'exercice exclusif de telle espèce d'industrie que l'utilité publique n'a pas permis de laisser à la libre disposition des intérêts individuels, comme est le maître de poste aux chevaux, ne pourrait prétendre que les achats de fourrages et autres objets de son exploitation ne sont pas actes de commerce. »

Nous pensons, avec M. DALLOZ, v° *Commerçant*, pag. 705, que le maître de poste, considéré comme agent de l'administration, ne fait pas un acte de commerce en achetant un cheval pour le service de son établissement ; il n'est pas libre d'acheter ou de ne pas acheter des chevaux pour l'usage de la poste, de les louer ou non, et au prix qui lui convient ; il est chargé d'un service public, il doit pourvoir à ce qu'il s'exécute.

Mais le maître de poste qui fait un marché ou traité de relais avec un entrepreneur de messageries, pour la conduite de ses voitures, devient commerçant et justiciable des tribunaux de commerce sous ce rapport. (CARRÉ, *Lois de la compétence*, tom. II, n. 546.)

Les maîtres de poste, autorisés par les réglemens particuliers à cette branche d'administration à exploiter une chaise ou cabriolet d'occasion pour la commodité des courriers voyageant en poste, sont tenus, comme tous les autres loueurs de voitures, de faire une déclaration préalable à la régie des contributions indirectes pour l'apposition de l'*estampille* et la délivrance du *laissez-passer* exigés par la loi du 25 mars 1817 ; en cas de contravention, ils sont passibles des peines prononcées par cette loi. (*Cassation*, 22 janvier 1820 et 6 avril 1822.)

Les règlemens de police, tels que les ordonnances du préfet de police de Paris, en date des 2 avril 1819 et 26 décembre 1823, et ceux émanés de l'autorité municipale dans l'étendue du royaume, qui défendent de conduire aux abreuvoirs plus de *trois chevaux* y compris celui sur lequel le conducteur est monté, ne sont pas applicables aux maîtres de poste, qui peuvent, au contraire, en vertu d'une déclaration du roi, du 28 avril 1782, maintenue par la loi du 22 juillet 1791, faire conduire à l'abreuvoir, dans le lieu de leur relais, *quatre chevaux par un seul postillon*.

§ II.

Lois et règlemens qui ont organisé le régime et la police des relais tels qu'ils existent actuellement.

Decret (extrait du) *relatif à l'organisation des postes en régie nationale*, 24 juillet 1793.

Titre II. — Art. 6. Il sera établi un nombre suffisant de voitures pour le transport des lettres et dépêches, afin de les faire parvenir avec célérité dans tous les points de la France, et à toutes les communications avec l'étranger. Ce service ne pourra être fait par aucune voiture de messageries.

Art. 7. Les voitures seront de différentes formes et dimensions. Celles des principales routes seront à quatre roues, et construites de manière à transporter à la fois les dépêches, le courrier et quatre voyageurs; elles seront nommées grandes malles-postes.

Art. 8. Les autres voitures, qui seront appelées petites malles-postes, établies sur les communications moins importantes, seront à deux roues, et disposées de manière à contenir, indépendamment des dépêches et du courrier, un, deux ou trois voyageurs, suivant que l'expérience en fera connaître la nécessité.

Art. 9. Ces voitures rouleront seulement sur les grandes routes pourvues de relais; partout ailleurs où il sera nécessaire de faire transporter des dépêches, le service sera rempli de la manière que l'administration jugera la plus expéditive, la plus sûre et la plus économique.

Art. 10. Les malles-postes, grandes et petites, feront au moins 2 lieues par heure; leur marche ne sera interrompue ni jour ni nuit, que le temps nécessaire pour l'exécution du service (1).

(1) Les art. 475, n° 4, et 476 du Code pénal, qui prononcent des peines contre ceux qui violent les règlemens contre la

Art. 11. Les voyageurs par les malles-postes ne pourront charger avec eux qu'un paquet de nuit, dont le poids est rigoureusement fixé à dix livres.

Titre IV. *Service de la poste aux chevaux.* — Art. 68. Il sera entretenu, dans toute l'étendue de la France, un service de relais, tant pour la conduite des malles que pour le service des personnes qui voudront voyager en poste. Les entrepreneurs de ces relais seront établis dans leurs fonctions en vertu d'une commission du pouvoir exécutif; ils pourront être destitués de leurs fonctions pour cause de leur mauvais service constaté par l'administration des postes et par les corps administratifs de leur arrondissement; ils seront soumis aux lois émanées du corps législatif sur le fait des postes, sous l'inspection et administration immédiate de l'administration des postes.

rapidité des voitures, sont inapplicables aux courriers et postillons des malles-postes.

Les maires n'ont pas le pouvoir de faire des règlemens sur le mode de conduite des malles-postes.

En conséquence, un maire qui prend un arrêté par lequel il ordonne que les malles-postes, en passant dans une ville ou sur un pont, seront tenues d'aller au pas, commet un excès de pouvoir. (*Cassation*, 19 avril 1836 et 15 novembre 1838.)

Art. 69. Aucuns maîtres de poste ne pourront quitter le service sans avertir au moins six mois d'avance; autrement, il y sera pourvu à leurs frais; ils pourront néanmoins disposer de leur établissement en faveur d'un autre, en prévenant de leur intention l'administration, qui fera expédier, si elle le juge convenable, une nouvelle commission à la personne désignée pour le remplacement. Ils entretiendront, sous peine de destitution, le nombre de chevaux et de postillons nécessaires au service, ainsi qu'il sera réglé par l'administration. Il ne sera formé aucun autre établissement en relais sans un décret qui l'autorise.

Art. 70. Si quelqu'un d'eux vient à décéder, et que les héritiers ne puissent ou ne veuillent pas continuer le service pour leur compte, la municipalité veillera à ce que le nombre de postillons et de chevaux ne diminue pas, jusqu'à ce qu'il ait été pourvu au remplacement par l'administration, qui y procédera le plus promptement possible.

Art. 73. Les maîtres de poste, dans les temps de presse, fourniront, de préférence à tous voyageurs, leurs chevaux aux agens du gouvernement porteurs de commissions ou ordres signés des autorités qui les auront expédiées.

Art. 76. Les paiemens, ainsi que les chevaux, provisions, ustensiles et équipages destinés au service de la poste, ne pourront être saisis sous aucun prétexte (1).

Loi (Extrait de la) *contenant un nouveau tarif pour la poste aux chevaux*, (6 nivôse an III 27 décembre 1795).

Article 2. Il est défendu à tout maître de poste en activité de service, ou même démissionnaire, de disposer de ses chevaux, harnais et fourrages.

Les objets vendus ou détournés seront rétablis à ses frais. Les démissions qui pourraient être données seront acceptées, et les remplacemens faits, par l'administration des postes, dans les six mois, au plus tard, de la présentation de la démission.

(1) L'auteur d'un recueil concernant les postes et les voitures publiques, publié en 1827, pense que la loi du 20 ventôse an XI (11 mars 1801) a nécessairement modifié cette disposition en faveur des créanciers des maîtres de poste, et que les sommes payées à ceux-ci par l'état peuvent être saisies dans les proportions déterminées par la loi précitée.

C'est une erreur évidente : en effet, les *paiemens* dont parle l'art. 76 ci-dessus ne sont pas, comme il le croit, les *gages* ou plutôt l'*indemnité* allouée aux maîtres de poste par le décret du 25 avril 1790, pour leur tenir lieu des priviléges dont ils avaient joui jusque-là ; mais bien le prix accordé à ces

Art. 3. Il est défendu à tout maître de poste de percevoir des voyageurs aucune somme au-dessus du tarif et du nombre de chevaux fixé par les règlemens, à peine de la perte de toute indemnité accordée par la nation, et d'une amende de vingt fois la somme trop perçue, pour la première fois, et de quarante fois pour la récidive.

Il leur est également défendu de refuser des chevaux, à quelque heure que ce puisse être, à peine d'une amende de 1,000 livres, et d'une indemnité envers les voyageurs, proportionnée au temps qu'ils auront été obligés de séjourner, à la charge cependant par ceux-ci d'accorder une heure pour le rafraîchissement des chevaux qui arriveront de course.

Art. 4. Tout postillon qui refusera de mar-

maîtres de poste pour la conduite journalière des malles et diligences; quant à l'*indemnité* de 30 livres par cheval allouée aux maîtres de poste en 1791, elle était précisément supprimée par la loi ci-dessus du 24 juillet 1793. Cette indemnité leur a été rendue par la loi du 19 frimaire an VII, et elle ne constitue nullement un *traitement* dans le sens de celle du 20 ventôse an XI. On ne peut non plus considérer les maîtres de poste comme des fonctionnaires publics et employés civils recevant un traitement de l'état. D'un autre côté, les mêmes raisons existent pour que l'indemnité soit insaisissable comme le prix de conduite des malles-postes.

cher, ou exigera du voyageur au-delà du tarif, sera puni d'un jour de détention, et de trois jours, s'il a menacé ou insulté le voyageur.

Art. 5. Les peines portées par les articles 3 et 4 seront prononcées par les municipalités, ou par l'agent municipal ou son adjoint, sur la plainte du voyageur. Le procès-verbal en sera adressé au receveur du droit d'enregistrement, pour qu'il recouvre les amendes prononcées (1).

Loi *sur la Poste aux chevaux*, 19 frimaire an VII (9 décembre 1798).

Article 1er L'établissement général des postes aux chevaux est maintenu dans toute l'étendue de la France.

Art. 2. Nul autre que les maîtres de poste, munis d'une commission spéciale, ne pourra établir de relais particuliers, relayer, ou conduire, à titre de louage, des voyageurs d'un relais à un autre, à peine d'être contraint de payer, par forme d'indemnité, le prix de la course au profit

(1) Aujourd'hui, la connaissance des contraventions aux dispositions ci-dessus, et l'application des peines qui y sont indiquées, appartiennent aux tribunaux de police et aux tribunaux correctionnels, d'après les règles établies par les articles 137 à 140 et 179 du Code d'instruction criminelle, combinés avec l'art. 484 du Code pénal.

des maîtres de poste et des postillons qui auront été frustrés (1).

Art. 3. La prohibition portée au précédent article ne s'étend point aux conducteurs de petites voitures non suspendues, connues sous le nom de pataches ou carrioles, et allant à petites ou grandes journées dans l'intérieur de la France, non plus qu'à ceux de toute autre voiture de louage allant constamment à petites journées et sans relayer (2).

Art 4. Il est défendu à tout maître de poste de relayer quiconque aurait contrevenu aux dispositions des articles précédens, sous peine de payer lui-même la course aux maîtres de poste et

(1) 1° C'est aux juges de paix et non aux tribunaux correctionnels qu'il appartient de connaître d'une demande en indemnité intentée par des maîtres de poste contre un loueur de chevaux qui, sans être pourvu d'une commission spéciale pour louer des voitures, a conduit à grandes journées celle d'un voyageur sur différens relais. (*Cassation*, 29 juin 1819.)

2° Tout conducteur d'une voiture suspendue, ou loueur de chevaux conduisant la voiture d'un particulier, qui fait plus de 10 lieues dans les 24 heures, doit aux maîtres de poste dont il n'emploie pas les chevaux une indemnité de 25 centimes par poste et par cheval, *s'il ne prend pas de relais*, conformément à la loi du 15 ventôse an XIII, et, *s'il relaie*, une indemnité égale au prix entier de la course, par application de la loi du 19 frimaire an VII. (*Cassation*, 27 août 1838.)

postillons à qui elle serait due à titre d'indemnité.

Art. 5. Sont exceptés les relais qui seraient établis pour le service des voitures publiques partant à jour et heure fixes, et annoncées par affiches, et le transport des dépêches partout où les maîtres de poste n'en seraient pas chargés, lorsque ces relais seront bornés au service qui leur est attribué.

Est également excepté le cas où un relais de poste se trouverait dégarni.

Art. 6. Les maîtres de poste ne seront point sujets au droit de patente pour l'exercice public dont ils sont chargés; ils sont seulement astreints à faire enregistrer leur commission au greffe de leurs municipalités respectives.

Art. 7. Le service des malles sera fait par les maîtres de poste, sur les routes ci-après désignées.....

Art. 8. Il sera payé comptant, pour le transport des malles, 3 francs 25 centimes, guides compris, par poste, sur les routes et parties des routes où il y a chaque jour malle montante et malle descendante; et 3 francs 75 centimes, guides compris, par poste, sur les routes où il n'y a chaque jour qu'une seule malle soit montante, soit descendante.

Art. 9. Il sera payé, en outre, aux maîtres

de poste, 75 centimes par poste, par chaque voyageur accompagnant le courrier de la malle.

Art. 10. Le Directoire exécutif déterminera les routes autres que celles ci-dessus désignées, sur lesquelles il sera utile de confier le service des malles aux maîtres de poste, et règlera le prix des courses dans les proportions indiquées par les circonstances et les localités.

Art. 11. Le Directoire exécutif est autorisé à régler la position, le nombre des relais et leurs distances respectives, en réduisant les relais les plus forts à deux postes et demie, lorsque les localités ne s'y opposeront pas impérieusement. Il est également autorisé à supprimer les relais dont l'inutilité sera reconnue.

Art. 12. Il est alloué des gages aux maîtres de poste.

La répartition en sera faite par le Directoire exécutif, en raison du nombre de chevaux reconnu nécessaire dans chaque relais, sans qu'en aucun cas cette indemnité proportionnelle puisse s'étendre à un nombre excédant celui de quinze chevaux par relais.

Il sera accordé 40 francs par chacun des cinq premiers chevaux, 30 francs par chacun des cinq suivans, et 20 francs par chacun des cinq derniers.

Art. 13. Les maîtres de poste auront droit à une indemnité pour les localités difficiles et pour les pertes majeures et imprévues qu'ils supporteront relativement à leur état.

Art. 14. Les postillons auront droit à une pension de retraite, après vingt ans de service comme postillons en rang, ou dans le cas d'un accident ou d'une infirmité qui les mettrait dans l'impuissance de se procurer, par un travail quelconque, les moyens d'exister.

Cette retraite ne pourra être moindre de 150 francs, ni plus forte de 200 francs.....

Elle pourra être reversible, en tout ou en partie, aux veuves et aux enfans.

Art. 15. L'administration actuelle des relais est supprimée; elle sera remplacée par un conseil d'administration composé du commissaire du Directoire exécutif, qui le sera également près la poste aux lettres, et de trois inspecteurs principaux ayant tous voix délibérative.

Ces inspecteurs seront tenus de faire alternativement des tournées de surveillance sur les principales routes de la France, et se distribueront le travail de manière à ce qu'ils soient toujours deux près le commissaire du Directoire exécutif.

Le commissaire du Directoire exécutif entretiendra seul la correspondance relative à l'exécution des délibérations prises.

ART. 16. Il y aura six inspecteurs chargés de faire entre eux, au moins une fois par an, des tournées sur toutes les routes de poste de la France.

ART. 17. Le traitement de chaque inspecteur principal est fixé à 8,000 francs, et celui de chacun des autres inspecteurs est fixé à 4,000 francs. Il est sursis à la fixation du traitement du commissaire du Directoire exécutif jusqu'à ce qu'il ait été statué sur le message du Directoire, relatif à la poste aux lettres.

ART. 18. Il est mis annuellement à la disposition du Directoire exécutif une somme qui, pour l'an VII, est fixée à 750,000 francs pour les frais d'administration et d'inspection des relais, les gages annuels à allouer aux maîtres de poste, les secours extraordinaires, et pour les pensions des postillons.

ART. 19. Cette somme sera prise sur le prix du bail de la poste aux lettres; il sera prélevé, pour les pensions des postillons, celle de 30,000 fr. qui ne pourra avoir une autre destination, et fera accroissement, en cas d'excédant, à la masse des fonds destinés à acquitter lesdites pensions.

ART. 20. Les gages et secours extraordinaires

ne pourront être délivrés que sur un arrêté du Directoire exécutif, et l'état en sera remis annuellement au corps législatif, ainsi que celui de l'organisation des bureaux.

ART. 21. Les pensions des postillons seront réglées par le corps législatif sur les états qui seront présentés par le Directoire exécutif.

ART. 22. A compter du 1er nivôse prochain, le prix de la course de chaque cheval sera réduit à 1 franc 2 décimes 5 centimes par poste; et les guides de chaque postillon seront portés à 7 décimes 5 centimes également par poste.

Les maîtres de poste fourniront gratuitement les chevaux aux inspecteurs de relais pour leurs tournées. Ces derniers ne seront tenus qu'à payer les guides des postillons.

ART. 23. Il est défendu à tout postillon d'exiger ou de recevoir une somme offerte au-delà des guides fixés par la loi, d'insulter les voyageurs, ou de leur donner aucun sujet de plainte, sous peine, en cas de récidive, de destitution, sans préjudice des peines qui pourront leur être infligées par les tribunaux.

ART. 24. Pour constater la contravention aux dispositions de l'article précédent, il sera tenu, par chaque maître de poste, un registre coté et paraphé par le commissaire du Directoire exécutif près l'administration municipale du canton, et par l'agent municipal de la commune de la situation des relais. Les voyageurs pourront consigner leurs plaintes dans ce registre.

Les inspecteurs arrêteront et relèveront ce registre à chaque tournée, et en feront rapport à l'administration.

Art. 25. Le Directoire exécutif est autorisé à fixer l'indemnité que les maîtres de poste des grandes communes seraient dans le cas de réclamer pour l'espace que leurs chevaux ont à parcourir dans l'intérieur desdites communes. Cette indemnité ne pourra excéder une demi-poste.

Art. 26. Le Directoire exécutif fera tous les règlemens nécessaires d'ordre et de police sur les postes aux chevaux.

Arrêté *contenant règlement sur le service de la poste aux chevaux*, (1er prairial an VII, 20 mai 1799).

Le Directoire, etc., vu l'art. 26 de la loi du 19 frimaire an VII...

Ouï le rapport du ministre des finances, arrête ce qui suit :

§ 1. *Des maîtres de poste et postillons.*

Article 1er. Les maîtres de poste doivent résider à leurs relais, où leur présence est constamment nécessaire pour maintenir l'ordre, l'activité et la subordination, dont ils répondent personnellement.

Ils ne peuvent transférer leurs relais d'un local dans un autre, quoique dans la même commune, qu'avec l'autorisation préalable du conseil d'administration.

Art. 2. Les maîtres de poste ne peuvent quitter le service sans avoir prévenu le conseil d'administration six mois d'avance; faute de quoi, il y sera pourvu à leurs frais, conformément à l'art. 69 de la loi des 23 et 24 juillet 1793.

Art. 3. En cas d'absence momentanée d'un titulaire, il peut charger quelqu'un de le représenter pour trois mois au plus, et seulement après en avoir prévenu le conseil d'administration des postes aux chevaux; mais il ne peut ni faire gérer habituellement son relais, ni le céder, sans que le gérant ou cessionnaire ait été préalablement agréé.

Art. 4. Les maîtres de poste ont le choix de leurs postillons; mais ils ne peuvent en prendre un sortant d'un autre relais, s'il n'est muni d'un certificat de bonne conduite donné par le titulaire du relais qu'il quitte.

Ils peuvent également les renvoyer; mais ils ne peuvent leur refuser le certificat sans des motifs graves, et dont le conseil d'administration sera juge en cas de contestation.

Art. 5. La surveillance des maîtres de poste doit s'étendre non-seulement sur leurs propres postillons, mais même sur ceux des relais voisins : ils doivent veiller particulièrement à ce que ces derniers ne s'arrêtent aux relais où ils arrivent que le temps nécessaire pour faire souffler leurs chevaux, et à ce qu'ils ne repartent point à charge ou au galop.

Art. 6. Les maîtres de poste sont civilement responsables des accidens arrivés par le fait de leurs postillons ou par l'emploi de chevaux qu'ils auraient dû réformer.

Art. 7. Le conseil d'administration et les inspecteurs en tournée ont le droit de prononcer la mise à pied, pour un mois au plus, des postillons qui donneraient lieu à des plaintes dans leur service, et qui se rendraient coupables d'insolence ou d'insubordination. Les maîtres de poste sont tenus de déférer aux ordres qui leur seront donnés à cet égard, et ils sont autorisés à employer personnellement cette mesure de discipline.

Art. 8. Tout postillon qui, après avoir subi la peine de la mise à pied, se mettra dans le cas d'une nouvelle punition, sera destitué, conformément à l'article 23 de la loi du 19 frimaire an VII ; il ne pourra plus être employé dans aucun relais, et sera privé de tout droit à la pension réglée par l'article 14 de la même loi.

ART. 9. Dans le cas d'un relais vacant ou abandonné, les deux maîtres de poste voisins sont tenus de se commmuniquer sur le champ et sans attendre l'ordre du conseil d'administration.

Lorsqu'il n'en résultera qu'une course de deux postes et demie, les maîtres de poste ne pourront prétendre à aucun dédommagement ; mais si la course se trouve plus étendue, il leur sera payé, indépendamment du prix ordinaire pour les distances parcourues, une demi-poste d'augmentation, pour tenir lieu du rafraîchissement des chevaux, jusqu'à concurrence de trois postes et demie, et le prix d'une poste entière, lorsque la course surpassera cette dernière distance, et jusqu'à concurrence de cinq postes, terme au-delà duquel ils ne peuvent être tenus de se communiquer.

ART. 10. Les maîtres de poste sont tenus de présenter, à la première réquisition des voyageurs qui auraient des plaintes à faire, le registre que lesdits maîtres de poste doivent avoir à cet effet, conformément à l'article 24 de la loi du 19 frimaire an VII.

ART. 11. Les maîtres de poste pourront être requis, par le conseil d'administration, de fournir les postillons et les chevaux nécessaires pour renforcer les relais lors d'un passage extraordinaire, ou pour activer provisoirement un relais vacant ou abandonné; mais alors, outre le prix des courses qui leur appartiendra de droit, il leur sera alloué, par chaque jour de route ou de séjour, le prix de deux francs par homme et par cheval requis et en activité. Ladite indemnité sera acquittée sur les fonds affectés par la loi du 19 frimaire aux dépenses de l'administration des postes aux chevaux.

ART. 12. Il est expressément défendu aux maîtres de poste de faire l'état de loueur de chevaux, même en prenant patente, à peine de destitution; ils peuvent néanmoins se charger de la conduite des voitures publiques annoncées par affiches et partant à jour et heure fixes.

ART. 13. Tout postillon doit être âgé de seize ans au moins; il doit se faire inscrire au greffe de l'administration municipale, à compter du jour qu'il prend son rang, et adresser au conseil de l'administration des postes aux chevaux le certificat de son inscription. Le droit à la pension ne courra à l'avenir, pour les postillons qui entreront dans les relais, que du jour de cette inscription.

ART. 14. Les postillons doivent obéissance, non seulement au maître de poste auquel ils sont attachés, mais encore, en ce qui concerne le service, à tous maîtres de poste chez lesquels ils se trouvent.

Art. 15. Tout postillon quittant un relais pour s'attacher à un autre sera tenu de faire viser le certificat de bonne conduite qui lui aura été délivré par le maître de poste au relais duquel il était précédemment attaché, tant par la municipalité qu'il quittera que par celle de son nouveau domicile.

Art. 16. Les postillons ne peuvent quitter un relais sans avoir prévenu le titulaire au moins un mois d'avance; et en cas de non exécution de cette disposition, les maîtres de poste sont autorisés à leur refuser le certificat nécessaire pour entrer dans un autre relais.

Art. 17. Le conseil d'administration veillera scrupuleusement à ce qu'aucun postillon, qui aurait été renvoyé d'un relais sans certificat, ne puisse s'introduire dans un autre; il fera droit, au surplus, aux justes observations et réclamations des postillons.

Art. 18. Les postillons en course doivent être porteurs d'une plaque au bras qui indique le nom du relais auquel ils sont attachés, et le numéro de leur rang.

L'infraction à cette disposition sera punie,

pour la première fois, par la mise à pied pendant une décade; pour la deuxième fois, pendant un mois; et en cas de récidive, par la destitution.

§ II. *Du nombre de postillons et de chevaux à employer pour les différens services.— Service à franc-étrier.*

ARTICLE 1er. Tout courrier à franc-étrier qui n'accompagne pas une voiture, doit avoir un postillon monté pour lui servir de guide.

ART. 2. Un seul postillon ne peut conduire que trois courriers à franc-étrier; s'il y a quatre courriers, il faut deux postillons.

§ III. *Service en voiture.*

ART. UNIQUE. Il doit être payé, généralement, autant de chevaux qu'il y a de personnes (sans distinction d'âge) dans les voitures, derrière, sur le siége, et de postillons employés à les conduire, que le nombre de chevaux puisse être attelé ou non.

§ IV. *Des voitures montées sur deux roues et ayant brancard.*

ARTICLE 1er. Les voitures montées sur deux roues et à brancard, ainsi que les cabriolets à quatre roues, chargés d'une personne, seront conduits par un postillon et attelés de deux chevaux;

Chargés de deux personnes, seront conduits par un postillon et attelés de trois chevaux;

Chargés de trois personnes, seront conduits par un postillon et attelés de trois chevaux ; il en sera payé quatre ;

Chargés de quatre personnes, seront conduits par un postillon et attelés de trois chevaux ; il en sera payé cinq.

Art. 2. Les maîtres de poste sont tenus d'atteler le troisième cheval sur les voitures à deux roues chargées de deux personnes ; mais, dans le cas où ils seraient d'accord avec les voyageurs pour n'en atteler que deux, alors ils ne pourront exiger que moitié du prix de la course du cheval non attelé.

§ V. *Des voitures montées sur quatre roues ayant un seul fond et à limonière.*

Art. unique. Les voitures montées sur quatre roues, à un seul fond et à limonière, et chargées d'une personne, avec malle, vache et porte-manteau, ou sans ces objets, seront attelées de trois chevaux et conduites par un postillon ;

Chargées de deux personnes, avec une vache ou une malle, ou un porte manteau seulement, seront attelées de trois chevaux et conduites par un postillon ;

Chargées de deux personnes, avec malle et vache et un porte-manteau, ou avec deux de ces objets seulement, seront conduites par un postillon et attelées de trois chevaux ; il en sera payé quatre ;

Chargées de trois personnes, avec une vache, ou une malle, ou un porte-manteau seulement, seront conduites par un postillon et attelées de trois chevaux ; il en sera payé quatre ;

Chargées de trois personnes avec une malle et vache et un porte-manteau, ou avec deux de ces objets seulement, seront conduites par deux postillons et attelées de quatre chevaux ; il en sera payé cinq ;

Chargées de quatre personnes, avec malle, vache et porte-manteau, ou sans ces objets, seront attelées de six chevaux et conduites par deux postillons.

§ VI. *Des voitures montées sur quatre roues ayant timon.*

Art. unique. Les voitures montées sur quatre roues et ayant timon, chargées d'une ou deux personnes, seront attelées de quatre chevaux et conduites par deux postillons;

Chargées de trois personnes, seront conduites par deux postillons et attelées de quatre chevaux ; il en sera payé cinq ;

Chargées de quatre personnes, seront conduites par deux postillons et attelées de six chevaux ;

Chargées de cinq personnes, seront conduites par deux postillons et attelées de six chevaux; il en sera payé sept;

Chargées de six personnes, seront conduites par trois postillons et attelées de huit chevaux; il en sera payé neuf.

§ VII. *Du chargement des chevaux et voitures.*

ARTICLE 1er. Tout courrier à franc-étrier ne peut faire porter au cheval qu'il monte que ce que peuvent contenir en menus effets les poches de la selle.

S'il y a un porte-manteau, il doit être porté en croupe par le postillon, pourvu toutefois qu'il n'excède point le poids de vingt-cinq kilogrammes ou cinquante livres.

ART. 2. Les voitures montées sur deux roues, ayant brancard, celles montées sur quatre roues, à un seul fond et ayant limonière, ne pourront être chargées sur le derrière de plus de cent livres, et sur le devant de plus de quarante livres.

§ VIII. *Droit du troisième cheval.*

ARTICLE 1er. Le troisième cheval accordé aux maîtres de poste dans les localités difficiles ne pourra être exigé par eux qu'autant qu'il sera attelé, et seulement sur les chaises de poste chargées d'une seule personne; les cabriolets à soufflet n'en sont point susceptibles.

Art. 2. Le droit du troisième cheval a lieu pour l'année entière, ou pour six mois seulement, à compter du 1er brumaire de chaque année.

Les maîtres de poste ne peuvent exercer ce droit qu'autant qu'ils sont porteurs d'un ordre à cet effet, lequel doit être renouvelé tous les ans.

§ IX. *Police et ordre dans le service.*

Article 1er. Il doit y avoir dans l'écurie de chaque maître de poste de la lumière pendant la nuit et un postillon de garde, afin de ne point faire attendre les courriers; le postillon de garde allant en course, un autre doit le remplacer.

Art. 2. Le prix de la course, conformément au tarif, doit être payé au maître de poste avant le départ du courrier.

Art. 3. Le service des malles, pour lequel au surplus les maîtres de poste doivent tenir des chevaux en réserve, et celui des courriers ou porteurs d'ordres du gouvernement, doivent être faits de préférence à tous autres.

Hors ces deux cas, les courriers doivent être servis par ordre d'arrivée.

Art. 4. Les postillons attachés à un relais

doivent seuls en conduire les chevaux ; les courriers ne peuvent les faire remplacer par qui que ce soit.

Art. 5. Les courriers à franc-étrier ne peuvent se servir des brides à eux appartenant; ils ne doivent pas passer le postillon qui les conduit; et le maître de la poste à laquelle ils arriveraient sans leur postillon, ne doit point leur donner des chevaux avant que ce dernier ne soit arrivé, et qu'il n'ait reconnu l'état des chevaux et déclaré la course et les guides payés.

Art. 6. Les avant-courriers ne peuvent devancer que d'une poste la voiture qu'ils précèdent; il leur est défendu de partir, et au maître de poste de leur fournir des chevaux, avant l'arrivée de la voiture au relais; et s'ils partent plus d'un quart-d'heure après, il leur sera donné un guide.

Art. 7. Les postillons ne peuvent se devancer sur la route, et doivent marcher dans l'ordre où ils sont partis du relais, à moins qu'un accident ne soit survenu à celui qui précède.

Art. 8. Il est défendu aux postillons, lorsqu'ils se rencontrent vers le milieu de leur course, d'échanger leurs chevaux, à moins qu'ils n'aient obtenu le consentement respectif des courriers.

La course d'une poste devant se faire, dans les

localités ordinaires, dans une heure, les postillons ne pourront s'arrêter sans permission, que pour laisser souffler leurs chevaux.

Art. 9. Lorsque tous les chevaux d'une poste suffisamment garnie sont en course, les courriers doivent attendre que les chevaux soient de retour et aient rafraîchi; mais si le manque de chevaux provient de ce qu'un relais n'est pas suffisamment monté, alors les postillons seront tenus de passer avec tout ou partie seulement de leurs chevaux, après toutefois les avoir fait rafraîchir. Ils ne pourront, en aucun cas, être forcés à passer plus d'un relais.

Art. 10. Les maîtres de poste ne peuvent être forcés à fournir des chevaux pour les routes de traverse; cependant ils sont autorisés à conduire les courriers dans lesdites routes, à prix défendu, de manière toutefois que le service du relais ne puisse en souffrir.

Art. 11. Les maisons de campagne situées sur les grandes routes ou à proximité seront servies par la poste la plus voisine du point vers lequel les voyageurs se dirigeront.

Art. 12. Les maîtres de poste ne peuvent être contraints à fournir des chevaux pour être attelés à une voiture avec d'autres que ceux employés au service de la poste.

Art. 13. Les courriers ne doivent point forcer ni maltraiter les chevaux : dans le cas où ils se seraient portés à cet excès, et que, par suite, un ou plusieurs chevaux seraient mis hors de service ou viendraient à périr, ils seront tenus d'en payer le prix au maître de poste, suivant l'estimation qui en sera faite par experts, et sur le procès-verbal qui en sera dressé en présence de l'agent municipal des lieux où le délit aura été commis.

Art. 14. Les maîtres de poste qui conduiront à un relais sur les pays étrangers sont autorisés à se faire payer sur le pied de monnaie étrangère.

Art. 15. Les droits de bac, d'entretien des routes, de pont ou barrière, sont à la charge des courriers, et indépendans du prix de la course et des guides.

Art. 16. Tous ceux qui feront venir des chevaux de poste et les renverront sans s'en servir paieront le prix d'une poste, et les guides dans la même proportion, à titre de dédommagement.

Ceux qui les auront fait venir et ne partiront pas de suite paieront une demi-poste de plus, et les guides dans la même proportion, par chaque heure de retard.

Art. 17. Les courriers paieront soixante-quinze centimes par chaque homme et par chaque cheval, toutes les fois que par la fermeture des portes d'une commune ou empêchement de cette nature, ils seront forcés de coucher et ne pourraient revenir à leurs relais.

Art. 18. Le ministre des finances est chargé de l'exécution du présent arrêté, qui sera inséré au Bulletin des lois.

Ordonnance du Roi, *contenant un nouveau tarif du prix des chevaux de poste* (13 novembre 1822).

Louis, considérant que le tarif de la poste aux chevaux donne matière à de fréquentes contestations entre les voyageurs et les maîtres de poste, et qu'il est nécessaire de le fixer avec plus de précision, particulièrement sous le rapport du classement des différentes espèces de voitures et du nombre de chevaux dont elles doivent être attelées;

Sur le rapport de notre ministre secrétaire d'état des finances,

Notre conseil entendu;

Nous avons ordonné et ordonnons ce qui suit :

Article 1er. Le prix des chevaux de poste

sera payé désormais conformément au tarif joint à la présente.

Art. 2. L'ancien tarif et les anciens règlemens seront exécutés dans tous les points auxquels il n'est point dérogé par le nouveau tarif.

Art. 3. Notre ministre secrétaire d'état des finances est chargé de l'exécution de la présente ordonnance, qui sera insérée au Bulletin des lois.

Observations. — Le tarif, en forme de tableau, annexé à cette ordonnance ayant été remplacé par celui inséré dans l'ordonnance royale du 1er mars 1829, nous nous dispensons de reproduire le premier qui n'a plus d'intérêt. On trouvera ci-après le tarif de 1829, avec l'ordonnance dont il fait partie.

Nous avons conservé celles des dispositions du tarif de 1822 qui sont encore en vigueur; les voici :

Chaque voiture peut être chargée d'une vache, soit en une, soit en deux parties, et d'une malle, sauf l'exception ci-après.

Les petites calèches de la première division du tarif ne peuvent être chargées que d'une malle seulement ou d'une vache.

Cheval de renfort.

Il est accordé un cheval de renfort dans certaines postes, à cause de la difficulté des chemins et de la longueur des distances.

Cette concession a lieu soit pour toute l'année, soit pour six mois seulement qui commencent au 1er novembre et finissent au 30 avril. Les maîtres de poste n'en jouissent qu'autant qu'ils y sont autorisés par les indications du livre de poste, ou, à défaut, par une autorisation spéciale de l'administration des postes, qu'ils doivent représenter aux voyageurs.

Ladite concession est applicable, 1° aux chaises, cabriolets et calèches de la première division, lorsque ces voitures sont chargées de deux personnes;

Nota. Sont exceptés les cabriolets à deux roues et à *soufflet*, pourvu qu'ils n'aient ni malle, ni vache.

2° Aux limonières, dès qu'elles sont chargées de plus d'une personne.

Le prix du cheval de renfort (1 fr. 50 cent. par poste) se paie en sus du prix des chevaux fixé par le tarif.

Le cheval de renfort doit être attelé. Les maîtres de poste ne peuvent en exiger le paiement lorsqu'ils ne l'attèlent pas.

Cependant, comme il faudrait atteler le cheval de renfort en arbalète sur les calèches de la première division et sur les limonières de la seconde, et que cette sorte d'attelage occasionne souvent de graves accidens, le maître de poste peut offrir de suppléer à ce renfort, en fournissant des chevaux d'une qualité supérieure ; et les voyageurs peuvent, dans leur propre intérêt, consentir à payer le prix du cheval de renfort, sans qu'il soit attelé. Mais cette composition ne peut avoir lieu que par consentement mutuel.

Quant aux cabriolets à deux roues, comme l'on peut toujours y atteler un troisième cheval de front, il n'y a pas lieu à une composition semblable; et il faut toujours que le cheval de renfort soit attelé pour que le paiement en soit dû.

Toutes les fois qu'un cabriolet, en raison du nombre de personnes qu'il contient, se trouve attelé de trois chevaux, la concession du cheval de renfort n'y est plus applicable.

ORDONNANCE *qui modifie le tarif de la poste aux chevaux* (1er mars 1829).

ARTICLE 1er. A compter le premier mai prochain, le prix d'un franc cinquante centimes par cheval et par poste, fixé par les anciens règlemens, ne paiera plus que pour les chevaux réellement emploiyés, tant dans les locolités ordinaires que dans celles où l'usage du cheval de renfort est prescrit.

Il sera payé un franc par poste, en sus du prix des chevaux, pour chaque personne excédant le nombre que comportent le genre et l'attelage des voitures, conformément au tableau annexé à la présente ordonnance.

Art. 2. Un enfant âgé de plus de dix ans sera compté pour une personne ;

Un enfant de dix ans et au-dessous ne sera point compté dans le prix de la course;

Deux enfans de dix ans et au-dessous compteront pour une personne ;

Il sera payé en sus cinquante centimes par poste pour chaque enfant de dix ans et au-dessous excédant le nombre de deux.

Dans aucun cas, les enfans du premier âge, c'est-à-dire âgés de moins de trois ans, ne seront comptés dans les prix de la course (1).

L'ancien tarif et les anciens règlemens seront exécutés dans tous les points auxquels il n'est point dérogé par les présentes.

(1) D'après l'instruction sur le service des postes de 1832, deux enfans *au-dessous de dix ans* ne comptent qu'autant qu'ils sont âgés *de plus de trois ans*, et s'il se trouve dans la même voiture un enfant de trois à dix ans avec un ou plusieurs enfans agés de moins de trois ans, il ne sera rien dû pour aucun d'eux.

TARIF *de la poste aux chevaux, annexé à l'Ordonnance* du 1er mars 1829.

PREMIÈRE DIVISION.	Nombre de personnes.	Nombre de chevaux.	Prix à pay. pour chaq. cheval.	Prix tota des chev. par poste.	Nombre de postillons.
Chaises ou cabriolets. . .	1 ou 2	2	1 f. 50	3 f.	1
	3	3	1 f. 50	4 f. 50	1
Petites calèches à un seul fond avec timon.	2	2	1 f. 50	3 f.	1
S'il se trouve une troisième personne, il sera payé 1 f. par poste en sus du prix des chevaux. S'il y a plus de trois personnes, la calèche sera considérée comme berline, et suivra les réglemts. de la 3e div.					
2e DIVISION. *Limonières.*					
Voitures fermées et coupées et calèches avec brancard.	1,2,3	3	1 f. 50	4 f. 50	1
Il sera payé 1 f. par poste en sus pour chaque personne excédant le nombre de trois.					
3e DIVISION. *Berlines.*					
Voitures fermées ou non à deux fonds égaux, et calèches à deux fonds avec timon.	1,2,3,4	4	1 f. 50	6 f.	2
S'il y a une cinquième personne, il sera payé 1 fr. par poste en sus.					
Les mêmes voitures. . .	6	6	1 f. 50	9 f.	2
Il séra payé 1 f. par poste en sus pour chaque personne excédant le nomb. de six.					

CHAPITRE III.

DES MAITRES DE POSTE DANS LEURS RAPPORTS AVEC LES ENTREPRENEURS DE VOITURES PUBLIQUES.

§ Ier.

De la législation qui a créé l'indemnité de 25 centimes en faveur des Maîtres de poste. — Motifs des dispositions et réglemens sur cette matière.

« Les nombreuses diligences ou messageries qui couvrent les routes et marchent par relais, disait l'orateur du gouvernement lors de la présentation du projet de la loi du 15 ventôse an XIII, devraient se servir de ceux des postes, et ne le font pas. Il est juste, il est utile de leur imposer cette obligation, ou de leur faire payer aux maîtres de poste une indemnité comme équivalent approximatif du bénéfice qu'ils pourraient en retirer.

« Sans doute il en résultera une augmentation dans le prix des places pour les voyageurs ; mais cette augmentation sera si faible, qu'elle n'élèvera pas le prix actuel à celui qui existait en 1789. Mais d'ailleurs n'est-il pas convenable d'associer tous ceux qui profitent des avantages des routes et des postes, les voyageurs et le commerce, à la prospérité d'un établissement indispensable pour un grand royaume, et de leur faire payer, par un léger accroissement de dépense, une partie de ce qui est nécessaire à son entretien, en ramenant au surplus à des principes déjà consacrés en 1791, ceux du droit exclusif de relayer en faveur des maîtres de poste... »

La loi du 15 ventôse an XIII posait un principe sans le développer, laissant aux règlemens d'administration à faire pour l'exécution de la loi le soin d'en commenter les dispositions laconiques.

Deux décrets des 10 brumaire an XIV et 6 juillet 1806 furent rendus dans cette vue; ils ne suffirent pas pour fixer le sens de la loi du 15 ventôse an XIII, et 16 ans plus tard, deux ordonnances royales devinrent nécessaires pour lever les doutes qui s'étaient élevés sur le deuxième paragraphe de l'article premier de cette loi, et faire cesser la divergence des opinions des tribunaux à cet égard.

Depuis la promulgation des ordonnances des 13 août 1817 et 11 septembre 1822, de nouvelles difficultés sont nées de la loi du 15 ventôse an XIII, et ont été résolues par les Cours royales et la Cour de Cassation.

Nous donnons ici le texte de la loi précitée

et des décrets et ordonnances qui en forment pour ainsi dire le complément; nous plaçons à la suite le sommaire des arrêts les plus notables rendus sur l'application de la même loi.

LOI *du* 15 *ventôse an* XIII. (6 mars 1805.)

ARTICLE 1er. A compter du 1er messidor prochain, tout entrepreneur de voitures publiques et de messageries qui ne se servira pas des chevaux de la poste sera tenu de payer, par poste et par cheval attelé à chacune de ses voitures, 25 centimes au maître du relais dont il n'emploiera pas les chevaux.

Sont exceptés de cette disposition les loueurs allant à *petites journées* et avec les mêmes chevaux; les voitures de places allant également avec les mêmes chevaux, et partant à volonté, et les voitures *non suspendues*.

ART. 2 Tous les contrevenans aux dispositions ci-dessus seront poursuivis devant les tribunaux de police correctionnelle, et condamnés à une amende de 500 fr., dont moitié au profit des maîtres de poste intéressés, et moitié à la disposition de l'administration des relais.

ART. 3. Il sera pourvu provisoirement à l'exécution de la présente loi, par un règlement d'administration publique, délibéré en conseil d'état, lequel sera présenté ensuite en forme de loi à la prochaine session du corps législatif.

Décret *du* 10 *Brumaire an* xiv. (1er novembre 1805.)

Article 1er. Les entrepreneurs de voitures publiques qui parcourent des routes sur lesquelles il n'existe point de ligne de poste, ne seront point assujettis à payer le droit de 25 centimes aux maîtres de poste des lieux de leur départ.

Art. 2. Ceux desdits entrepreneurs qui parcourent des routes sur lesquelles il existe une ligne de poste, mais dont les relais sont démontés, paieront le droit de 25 centimes jusqu'au premier relais vacant seulement, à moins que la communication ne soit établie entre les relais placés des deux côtés de celui démonté.

Art. 3. Le droit de 25 centimes sera perçu pour les distances de faveur accordées aux maîtres de poste comme pour les distances réelles. Il pourra également être exigé des entrepreneurs de voitures publiques qui, antérieurement à la loi du 15 ventôse dernier, ont fait des traités avec les maîtres de poste pour la conduite de leurs voitures, soit avec des chevaux particuliers, soit avec des chevaux de leurs relais, avec faculté néanmoins auxdits entrepreneurs de résilier ces traités.

Art. 4. Les entrepreneurs de voitures publiques qui ne relayent pas, mais qui, à certaines distances, et sans attendre la couchée, se versent réciproquement les voyageurs qu'ils conduisent, sont également assujettis au paiement du droit.

Art. 5. Tout entrepreneur du transport des dépêches qui fait son service par relais et qui mène des voyageurs, est assujetti au paiement du droit, s'il fait son service avec des voitures suspendues intérieurement ou extérieurement.

Art. 6. Les entrepreneurs de voitures qui sont astreints au droit de 25 centimes par les articles précédens, y seront pareillement assujettis pour les cabriolets qu'ils feront partir, lorsque leurs voitures seront remplies de voyageurs.

Décret *du* 6 *juillet* 1806.

N...., etc., sur les rapports de notre grand juge ministre de la justice et de notre ministre des finances;

Vu l'art. 3 de la loi du 15 ventôse an xiii;

Vu pareillement notre décret du 10 brumaire an xiv;

Notre Conseil d'État entendu, nous avons décrété et décrétons ce qui suit :

Article 1er. Les entrepreneurs de voitures publiques qui, dans le trajet desdites voitures d'un lieu de départ à un lieu d'arrivée, et depuis la loi du 15 ventôse an XIII, leur ont fait quitter en partie la ligne de poste, pour parcourir des routes de traverse pendant une portion de ce trajet, seront assujettis à payer le droit de 25 centimes aux maîtres de poste qui s'en trouveront frustrés par cette déviation.

Art. 2. La direction générale des postes fera déterminer l'étendue précise de la déviation réelle desdites voitures, telle qu'elle est définie par l'article précédent. Lorsque cette déviation s'élèvera à plus de trois postes, les entrepreneurs de ces voitures ne seront pas tenus de payer le droit pour une étendue plus considérable; et, dans ce cas, le montant du droit payé pour ce *maximum* de trois postes sera réparti entre tous les maîtres de poste qu'on évite par la déviation: le partage en sera fait entre eux proportionnellement aux distances qu'ils ont à desservir.

Art. 3. Sont particulièrement assujettis au paiement dudit droit, aux termes des articles précédens, les entrepreneurs de voitures publiques qui, dans le moment actuel, se rendent, en partie par des chemins de traverse, 1° de Vermanton à Rouvray; 2° de Montauban à Toulouse;

3° de Castel-Sarrasin à Grisolles; 4° de Saverne à Strasbourg; 5° de Bourg-l'Ain à Meximieux; 6° de Maestricht à Ruremonde; 7° de Maestricht à Bois-le-Duc.

Art. 4. Ceux desdits entrepreneurs qui parcourent des routes sur lesquelles il existe une ligne de poste, mais dont les relais sont démontés, paieront le droit de 25 centimes jusqu'au premier relais vacant, seulement; à moins que la communication ne soit maintenue entre les relais placés des deux côtés de ceux démontés, conformément à l'article 9 du réglement des postes.

Art. 5. Les entrepreneurs de voitures publiques qui ne relayent pas, mais qui, à certaines distances et sans attendre au moins six heures, se versent réciproquement les voyageurs qu'ils conduisent, sont assujettis au paiement du droit.

Art. 6. Seront considérées comme voitures donnant ouverture au droit de 25 centimes, celles qui ont des siéges à ressort dans l'intérieur.

Art. 7. Notre ministre des finances est chargé de l'exécution du présent décret.

Ordonnance *du Roi* du 13 août 1817.

Article 1er. L'étendue de la distance que l'on peut parcourir dans les vingt-quatre heures, marchant à petites journées, est fixée à dix lieues de poste.

En conséquence, tout entrepreneur de messageries, loueur de chevaux et voiturier, qui parcourra dans les vingt-quatre heures un espace de plus de dix lieues de poste, sera réputé marcher à grandes journées, et, comme tel, obligé de payer aux maîtres de poste l'indemnité de 25 centimes établie par la loi du 15 ventôse an XIII, et, en cas de contravention, il encourra la condamnation à l'amende prononcée par ladite loi.

ART. 2. Notre ministre secrétaire au département des finances est chargé de l'exécution de la présente ordonnance, qui sera insérée au Bulletin des lois.

ARRÊTÉ *du ministre des finances en exécution de l'ordonnance du* 13 août 1817. 2 novembre 1817.

ARTICLE 1er. Tout entrepreneur de voitures publiques suspendues extérieurement ou intérieurement, partant d'occasion ou à volonté, sera tenu de se munir d'un certificat de route, qui lui sera délivré sans frais, et sur l'exhibition du laissez-passer dont il doit être porteur, aux termes des articles 117 et 120 de la loi du 25 mars

1817, par le maître de poste du lieu du départ, ou par celui qui en sera le plus voisin, dans le cas où il n'y aurait pas de relais.

Art. 2. Le maître de poste ne pourra, sous aucun prétexte, refuser ce certificat sur l'exhibition d'un *laissez-passer*.

Art. 3. Tout entrepreneur de voitures partant d'occasion ou à volonté, sera tenu de faire viser son certificat de route au premier relais, à partir du lieu du départ, comme aussi de le représenter aux maîtres de poste des routes qu'il parcourra, sur leur simple réquisition; et, en cas de refus, il sera censé voyager à grandes journées, et passible des dispositions énoncées dans l'ordonnance du 13 août dernier.

Art. 4. Sont exceptées de cette disposition, les petites voitures faisant habituellement le service des environs des grandes villes, lorsqu'elles ne dépasseront pas leur destination ordinaire; ainsi que celle des entrepreneurs de messageries qui font un service régulier.

Ordonnance *du Roi* du 11 septembre 1822.

Article 1er. Par voitures *non suspendues*, on doit entendre celles dont la caisse est entièrement adhérente au train et au brancard, et n'est susceptible d'aucun jeu ni balancement.

Art. 2. Toute voiture publique dont la caisse sera supportée par des soupentes en cuir, fer, ou toute autre matière disposée de façon à rendre ladite caisse isolée ou détachée de son train ou brancard, ou qui recevra du jeu ou du balancement par un moyen quelconque, doit être considérée comme suspendue, et, par conséquent, assujettie au droit de 25 centimes établi en faveur des maîtres de poste par la loi du 15 ventôse an XIII.

Art. 3 Notre ministre secrétaire d'état des finances est chargé de l'exécution de la présente ordonnance.

§ II.

JURISPRUDENCE

De la Cour de Cassation et des Cours Royales concernant l'indemnité de 25 cent. due aux Maîtres de poste.

1. Dans le calcul de la distance d'un lieu à un autre, à l'effet de savoir s'il y a la distance d'une *petite journée*, c'est-à-dire dix lieues de poste au plus, il faut compter les *distances de faveur* comme des *distances réelles*.

Si les distances de faveur réunies aux distances réelles forment un total de plus de dix lieues, l'indemnité de 25 centimes est due. (*Arrêt de la Cour de Cassation* du 11 octobre 1827.)

Cependant la cour de Paris a jugé en sens contraire. (*Arrêt* du 7 juillet 1838, chambre correctionnelle.)

2. L'entrepreneur de voitures publiques, voyageant à grandes journées d'un lieu à un autre, distant de plus de dix lieues; par exemple de la Bastide à Libourne, est soumis au droit de 25 centimes, encore bien qu'il fasse descendre ses voyageurs un peu avant le point d'arrivée, (sa destination réelle comme celle des voyageurs), de telle sorte qu'il n'y ait pas dix lieues entre le point de départ et celui où il fait descendre les voyageurs. (*Cassation,* 30 janvier 1829.)

3. Une voiture publique *suspendue,* qui parcourt en vingt-quatre heures plus de *dix lieues,* ne peut être considérée comme voyageant à *petites journées,* encore bien qu'elle ne change pas de chevaux ; en conséquence, l'entrepreneur est obligé au paiement de l'indemnité de 25 centimes. (*Cassation,* 9 septembre 1831.)

4. L'entrepreneur ne pourrait être dispensé de payer le droit de 25 centimes sur le fondement que la ligne et les relais de poste établis sur la route parcourue par la voiture, ne s'étendent qu'à une distance moindre de *dix lieues* de poste. (*Cassation,* 2 juin 1827.)

5. Ou bien sur le fondement que le changement de chevaux se fait sur la portion de la route où il n'y a pas de ligne de poste. (*Cassation,* 3 novembre, 1827.)

6. Lorsque l'entrepreneur quitte la route de poste pour suivre une route de traverse où il n'existe point de ligne de poste, il est passible du droit, lors même que cette route de traverse est la plus courte relativement à l'autre. (*Cassation*, 30 janvier 1829.)

7. L'indemnité est due, encore qu'une partie du trajet ait été faite sur un chemin de traverse. (*Cassation,* chambres réunies, 28 août 1832, 27 mars 1835.)

8. Si la déviation de la route postale a eu lieu sans intention de frauder les droits dus au maître de poste, l'entrepreneur de voitures publiques peut être renvoyé de la plainte.

On ne peut considérer comme route de traverse, dans le sens du décret du 6 juillet 1806, une route départementale qui est la plus courte et la plus directe pour aller d'un lieu à un autre, encore bien qu'un chemin de poste conduise aussi dans le même lieu. (*Cassation,* 11 mai 1838.)

La deuxième proposition n'a été résolue que par l'arrêt de la Cour royale de Grenoble.

9. Une voiture publique qui fait le trajet jus-

qu'au lieu de l'arrivée, avec les mêmes chevaux pour le retour, n'est pas censé relayer, dans le sens de la loi du 15 ventôse an XIII. (*Cassation,* 2 avril 1824.)

10. Ce n'est pas non plus ***relayer*** dans le sens légal, que de changer de chevaux, pour effectuer le ***retour*** des dix lieues composant la petite journée, aux termes de l'article 1er de l'ordonnance du 13 août 1817. (*Cour de Douai*, 17 mai 1833.)

11. On doit décider de même pour le cas où un troisième cheval est ajouté à l'attelage d'une voiture, dans les temps où les chemins sont difficiles, puis retiré sans être remplacé. (Même arrêt.)

12. L'article 1er, § 2, de la loi du 15 ventôse an XIII, s'applique non seulement aux entrepreneurs de services *réguliers* et *périodiques*, mais encore à ceux qui font partir des voitures *à volonté*, comme par exemple, les voitures de place. (*Cassation,* 6 octobre 1832.)

13. Le droit de 25 centimes est dû pour toutes voitures *suspendues en tout ou en partie.* (*Cassation,* 21 août 1823.)

14. On doit considérer comme *suspendues* les voitures dont la caisse est adhérente au train, lorsqu'elles ont *des siéges à ressort* dans l'intérieur.

(*Cassation,* 24 mars 1832 et 21 décembre 1833.)

15. Il en est de même de celles dont les siéges, dans l'intérieur, ne sont attachés qu'à leurs extrémités. (*Cassation,* 21 août 1823.)

16. Les voitures dont les siéges seulement sont suspendus par des bandes ou soupentes de cuir, et reçoivent ainsi un jeu ou balancement, doivent être réputées voitures *suspendues,* alors même que la caisse de la voiture est adhérente au train. (*Cassation,* 20 mars 1835 et 15 avril 1837.)

17. Encore bien que les siéges d'une voiture soient adhérens et non suspendus, s'ils sont revêtus de coussins renfermant des ressorts en fil de fer, destinés à donner de l'élasticité à ces coussins, la voiture devient alors voiture *suspendue,* dans le sens du décret du 6 juillet 1806 et de l'ordonnance de 1822, et sujette au paiement du droit de 25 centimes. (*Cassation,* 10 novembre 1836.)

18. D'après les dispositions du décret du 6 juillet 1806, les entrepreneurs de voitures publiques qui ne relayent pas, mais qui, sans attendre au moins six heures, se versent réciproquement les voyageurs, sont assujettis au paiement du droit dû aux maîtres de poste.

Mais pour appliquer cet article, il faut que les

entreprises aient entre elles une correspondance habituelle et fixée; que les voyageurs d'une entreprise soient assurés d'être reçus dans une autre entreprise qui ne soit que la suite de la première.

Quand il n'y a aucun accord établi entre les entreprises, quand on n'assure pas de places aux voyageurs pour passer d'une voiture dans l'autre; qu'en un mot, il n'existe qu'une simple coïncidence entre les heures de départ et d'arrivée des deux voitures, le droit de 25 centimes n'est pas dû. (*Cassation*, 10 novembre 1836 et 21 avril 1837.)

19. Le décret du 6 juillet 1806 ne s'applique qu'aux messageries proprement dites ou autres voitures de cette nature, et ne peut régir les voitures telles que les *omnibus*, etc., qui sont uniquement affectées au transport en commun, qui stationnent sur la voie publique et dans lesquelles les places ne peuvent être arrêtées d'avance. — Par suite, la correspondance établie entre des voitures *omnibus* et une autre entreprise de la même espèce, ne peut les soumettre respectivement à l'observation du décret de 1806, quelle que soit la coïncidence entre l'arrivée d'une voiture et le départ d'une autre.

Un maître de poste qui a laissé subsister sans réclamation, pendant plusieurs années, un relais particulier établi long-temps avant son entrée en fonctions, au vu et au su de ses prédécesseurs qui n'avaient eux-mêmes jamais réclamé, a pu valablement être déclaré non recevable dans sa demande du droit de 25 centimes, pour le temps de l'existence de ce relais, alors que les entrepreneurs l'ont supprimé, dès que l'intention d'exiger le droit leur a été manifestée par le maître de poste. (*Cassation*, 24 janvier 1839.)

20. La circonstance qu'un maître de poste a, contrairement aux règlemens, établi une voiture publique sur la route par lui desservie, n'entraîne pas contre lui la déchéance du droit de réclamer, contre les entrepreneurs de voitures publiques établies sur la même route, l'indemnité de 25 centimes. (*Cassation*, 20 août 1836; *Cour royale de Paris*, 9 décembre 1836.)

21. C'est aux tribunaux correctionnels, et non aux tribunaux civils, qu'il appartient de connaître de la plainte d'un maître de poste contre un entrepreneur de voitures publiques, pour défaut de paiement de l'indemnité de 25 centimes, bien que le prévenu prétende qu'il y a compte à faire entre lui et le plaignant, et que des délais lui ont été accordés par celui-ci pour l'acquittement de cette indemnité.

La responsabilité civile, au cas de contravention à la loi du 15 ventôse an XIII, s'étend à l'amende allouée aux maîtres de poste, cette amende ayant, par la destination spéciale des deniers en provenant, le caractère des dommagos-intérêts. (*Cassation*, 20 décembre 1834.)

22. L'action des maîtres de poste contre les entrepreneurs de voitures publiques qui contreviennent à la loi du 15 ventôse an XIII, ne cesse pas d'être de la compétence des tribunaux correctionnels, pour être attribuée aux tribunaux civils, par cela seul qu'elle n'a pas été intentée immédiatement après que la contravention a été commise. (*Cassation*, 3 mars 1808.)

23. Le tribunal correctionnel, compétent pour connaître de la contravention résultant de ce qu'un entrepreneur de voitures publiques est passé devant le relais d'un maître de poste sans payer l'indemnité due, est compétent aussi pour apprécier les moyens de défense du prévenu, tels que celui consistant à dire qu'il n'a pas contesté devoir l'indemnité, mais que seulement il prétend que, comme le relais du maître de poste se trouve éloigné de la route, c'est à celui-ci de venir chercher l'indemnité au passage des voitures, et non à lui d'aller la porter au relais.

L'indemnité due aux maîtres de poste par

les entrepreneurs de voitures publiques qui n'emploient pas leurs chevaux, doit leur être payée au lieu même où leurs relais sont établis, en vertu de l'autorisation de l'administration supérieure, et quelque éloignés que soient les relais de la route, sauf les conventions particulières qui peuvent intervenir entre les parties intéressées. (*Code civil,* article 1247.)

Par suite, l'entrepreneur qui, sans contester l'indemnité, refuse de l'acquitter au relais, parce qu'il se trouve éloigné de la route, se met en contravention à l'article 1er de la loi du 15 ventôse an XIII, et devient passible de l'amende de 500 francs. (*Cassation,* 17 novembre 1838.)

24. L'amende de 500 francs prononcée par la loi du 15 ventôse an XIII, pour défaut de paiement de l'indemnité de 25 centimes, doit être cumulée autant de fois qu'il y a de relais de poste établis sur la route parcourue, autant de fois qu'il y a de contraventions ou de refus de payer l'indemnité. Ici ne s'applique pas l'article 365 du Code pénal, étranger aux matières non régies par le Code. (*Cassation,* 11 octobre 1827.)

§ III.

DE LA CONDUITE DES VOITURES PUBLIQUES PAR LES MAITRES DE POSTE.

Effets des traités passés entre les maîtres de poste et les entrepreneurs de voitures, soit par la médiation de l'autorité, soit directement.

La loi du 15 ventôse an XIII, en astreignant les entrepreneurs de voitures publiques et de messageries à payer 25 centimes par poste et par cheval aux maîtres des relais dont ils n'emploieraient pas les chevaux, admettait implicitement que les mêmes entrepreneurs seraient dispensés de payer cette subvention aux maîtres de poste qu'ils voudraient charger de relayer leurs voitures.

Il était naturel qu'une autorité placée au-dessus des entrepreneurs de diligences et des maîtres de poste, s'interposât entr'eux pour fixer équitablement les bases des arrangemens que la loi avait en vue; aussi un décret qui suivit de près la loi du 15 ventôse, chargea-t-il le directeur général des postes de présider à ces arrangemens, à la charge de les soumettre à l'approbation du ministre des finances, qui devait lui-même, à une époque fixée, en référer au chef du gouvernement. Il est important de reproduire ici le texte de ce décret, qui sera suivi de nos observations.

Décret *du* 30 *floréal an XIII.* (20 mai 1805.)

Article 1er. Tout entrepreneur de diligences ou messageries actuellement en activité et voyageant en relais, qui, pour ne pas payer le droit de 25 centimes par cheval et par poste, voudra employer les chevaux de poste, sera tenu d'en faire la déclaration, dans la huitaine de la publication du présent décret, à notre directeur-général des postes à Paris, ou au directeur de la poste du lieu de son domicile.

Art. 2. Il mettra par écrit ses propositions, qui seront débattues et arrêtées par notre directeur-général des postes, et soumises à l'approbation de notre ministre des finances.

Art. 3. Dans les arrangemens résultant desdites propositions, seront déterminés le poids des voitures, le nombre et le prix des chevaux à payer par les entrepreneurs des diligences et messageries.

Art. 4. Dans les derniers jours du mois de fructidor prochain, notre ministre des finances soumettra à notre approbation les différens arrangemens qu'il aura approuvés sur la demande desdits entrepreneurs, qui, jusqu'à ce qu'il y ait été statué, acquitteront le droit de 25 centimes par cheval et par poste, conformément à la loi.

Art. 5. Aucune nouvelle entreprise de diligences ou de messageries ne pourra s'établir à l'avenir sans notre approbation. A cet effet, toute demande ou projet d'établissement sera adressé, avec tous les détails relatifs au service, à notre ministre des finances, lequel nous en fera le rapport dans la quinzaine (1).

Art. 6. Le ministre des finances est chargé de l'exécution du présent décret, qui sera inséré au Bulletin des lois.

Observations. Ce décret, en indiquant les formes à suivre par les entrepreneurs de diligences et messageries qui voudraient se servir des chevaux de la poste, n'a certainement pas entendu priver les parties intéressées de la faculté de traiter directement; ce n'est qu'une protection et non une tutelle que la loi a établie en faveur des maîtres de poste; aussi est-il arrivé fréquemment, depuis la promulgation du décret du 30 floréal an xiii, que les entrepreneurs de voitures publiques et

(1) La loi des finances du 25 mars 1817, art. 115, a affranchi les entreprises de voitures publiques de la nécessité d'obtenir l'autorisation préalable du gouvernement.

les maîtres de poste ont fait des conventions pour la conduite des voitures des premiers, sans l'intervention du directeur des postes et la sanction du ministre des finances; on peut dire que le décret précité est jusqu'à un certain point tombé en désuétude.

Nous pensons néanmoins qu'il a toujours force de loi, et que si des entrepreneurs de voitures publiques, voulant se dispenser de payer l'indemnité de 25 centimes, faisaient à des maîtres de poste, pour les charger de la conduite de leurs voitures, des offres qui seraient refusées par ces derniers, les entrepreneurs de voitures seraient fondés à réclamer l'intervention du directeur de l'administration des postes, qui examinerait les propositions des entrepreneurs de voitures et apprécierait leur mérite, sauf à en référer ensuite au ministre des finances.

Il est bien évident d'ailleurs que lorsqu'un traité entre un entrepreneur de voitures publiques et des maîtres de poste est intervenu dans les formes déterminées par le décret de floréal an XIII, s'il s'élève ensuite des difficultés sur son exécution, la connaissance et le jugement en appartiennent exclusivement à l'administration; c'est-à-dire au directeur de l'administration des postes, dont la décision doit être approuvée par le ministre des finances. Dans ce cas, il s'agit de l'interprétation d'un contrat administratif, et dès lors l'autorité judiciaire est incompétente.

Lorsque les entrepreneurs de diligences traitent directement avec les maîtres de poste pour faire relayer leurs voitures par ceux-ci, le contrat qui intervient entre eux est un contrat de louage d'ouvrage, qui est régi par les principes généraux du droit concernant les obligations.

Ainsi ce contrat tient lieu de loi à ceux qui l'ont souscrit;

Il ne peut être révoqué que de leur consentement mutuel ou pour les causes que la loi autorise;

Il doit être exécuté de bonne foi. (*Cod. Civ.* art. 1134.)

Ce contrat oblige non seulement à ce qui y est exprimé, mais encore à toutes les suites que l'équité, l'usage ou la loi donnent à l'obligation, d'après sa nature. (*Code Civ.* art. 1135).

Toutes les règles sur l'interprétation des conventions enseignées par le Code Civil (articles 1156 à 1164), sont applicables aux traités dits de relais que font entre eux les entrepreneurs de voitures publiques et les maîtres de poste.

Les parties contractantes ont réciproquement le droit de contraindre celle qui manque à son engagement à l'exécuter, ou de se faire autoriser à l'exécution de l'obligation aux dépens de celui qui en est débiteur, ou enfin de faire prononcer la résolution du contrat et d'obtenir des dommages intérêts. (*Code Civil,* art. 1142 à 1145.)

Les traités de relais sont toujours faits pour une période de temps déterminée, et, d'après les principes généraux du droit, ils ne pourraient être révoqués où résiliés avant l'expiration du terme fixé pour leur durée, que par le consentement mutuel des parties, si une double clause résolutoire ne se rencontrait dans tous ces traités.

Par l'une de ces clauses, la résolution du traité s'opère de plein droit, dans un cas prévu, celui de la cessation du service (de messagerie) qui a été l'objet du contrat.

« Le présent traité est fait pour. . . . .
« années, qui commenceront le. . . . . . . et
« finiront le. . . . ., est-il dit dans les
« traités, mais il serait resilié de plein droit et
« sans indemnité, si l'administration se trou-
« vait dans le cas de cesser le servicé. »

Cette clause qui, en apparence, laisse l'entrepreneur de messageries maître de résilier le traité à sa volonté, puisqu'il est seul juge de la nécessité qui doit lui faire abandonner son exploitation, n'a au fond rien d'inquiétant pour les maîtres de poste, lorsqu'ils traitent avec une entreprise bien constituée, parce qu'il est peu probable que le service existant soit démonté.

L'autre clause de résolution avant terme, qui se trouve dans les traités de relais, nous paraît plus grave et de nature à appeler une attention sérieuse de la part des relayeurs; elle est ainsi conçue :

« Si l'administration voulait, par des circons-
« tances quelconques, changer le nombre de ses
« départs, ou substituer des voitures d'une
« construction différente, il lui sera loisible de
« le faire en m'avertissant un mois d'avance :
« auquel cas nous conviendrions d'un nouveau
« prix de conduite; si nous ne parvenions pas à
« nous mettre d'accord sur le prix, le traité se-
« rait résilié sans indemnité ni de part ni d'au-
« tre, etc. »

Cette stipulation peut être la source d'abus soit de la part des entrepreneurs de messageries, soit de la part des relayeurs. Il suffit à un entrepreneur, pour se délier de ses engagemens envers un maître de poste, son relayeur, de changer le nombre de ses départs ou la forme de ses voitures, et de proposer ensuite à ce relayeur un prix de conduite insuffisant. Ce relayeur est placé alors dans l'alternative de faire un marché ruineux ou de renoncer à l'exécution du traité de relais existant qui lui procurait des bénéfices.

Il peut arriver aussi que le maître de poste, trop exigeant sur les conditions du nouveau marché à faire par suite de l'établissement de nouveaux services sur la route ou de substitution de voitures d'une construction différente, donne lieu à la résiliation anticipée du traité de relais existant, et que l'entrepreneur de messagerie éprouve quelque difficulté pour remplacer ce relayeur.

Toutefois, ce dernier cas se présente rarement, car il y a presque partout des chevaux et des écuries, tandis que le nombre des voitures publiques qui desservent une route est borné, et qu'un relayeur dont les chevaux devaient être employés pendant une période de temps convenue à la conduite de ces voitures, et qui voit son marché résilié avant le terme fixé, n'a pas le moyen d'occuper ailleurs ses chevaux d'une manière aussi avantageuse; il n'a plus que la ressource de les vendre, d'où il résulte pour lui une perte plus ou moins grande sur son capital, indépendamment de la privation du bénéfice qu'il comptait faire pendant toute la durée du traité.

Il nous semble qu'il y aurait un moyen aussi simple qu'équitable de prévenir les inconvéniens que nous signalons, et de concilier tous les intérêts; il consiste à stipuler qu'en cas d'augmentation du nombre des départs ou de substitution de voitures d'une construction différente, les parties convien-dront d'un nouveau prix de conduite, à défaut de quoi ce prix sera fixé par un arbitre de leur choix, et si elles ne peuvent s'accorder sur ce choix, par un arbitre pris parmi les maîtres de poste de la ligne, et que le sort désignera. Le prix de conduite, ainsi déterminé, serait obli-gatoire pour les deux parties.

APPENDICE.

Loi *concernant les vices rédhibitoires dans les ventes et échanges d'animaux domestiques.* (20 mai 1838.)

Article 1er. Sont réputés vices rédhibitoires et donneront seuls ouverture à l'action résultant de l'art. 1641 du Code Civil, dans les ventes ou échanges des animaux domestiques ci-dessous dénommés, sans distinction des localités où les ventes et échanges auront eu lieu, les maladies ou défauts ci-après, savoir :

Pour le cheval. l'âne ou le mulet.

La fluxion périodique des yeux,

L'épilepsie ou le mal caduc,

La morve,

Le farcin,

Les maladies anciennes de poitrine ou vieilles courbatures,

L'immobilité,

La pousse,

Le cornage chronique,

Le tic sans usure des dents,

Les hernies inguinales intermittentes,

La boiterie intermittente pour cause de vieux mal.

Pour l'espèce bovine.

p hthisie pulmonaire ou pommelière,

L'épilepsie ou mal caduc,

Les suites de la non délivrance, } après le part chez le vendeur.

Le renversement du vagin ou de l'utérus, }

Pour l'espèce ovine.

La clavelée : cette maladie reconnue chez un seul animal entraînera la rédhibition de tout le troupeau.

La rédhibition n'aura lieu que si le troupeau porte la marque du vendeur.

Le sang de rate : cette maladie n'entraînera la rédhibition du troupeau qu'autant que, dans le délai de la garantie, sa perte contatée s'élèvera au quinzième au moins des animaux achetés.

Dans ce dernier cas, la rédhibition n'aura lieu également que si le troupeau porte la marque du vendeur.

Art. 2. L'action en réduction du prix, autorisée par l'art. 1644 du Code Civil, ne pourra être exercée dans les ventes et échanges d'animaux énoncés dans l'article 1er ci-dessus.

Art. 3. Le délai pour intenter l'action rédhibitoire sera, non compris le jour fixé pour la livraison,

De trente jours pour le cas de fluxion périodique des yeux, et d'épilepsie ou mal caduc;

De neuf jours pour tous les autres cas.

Art. 4. Si la livraison de l'animal a été effectuée, ou s'il a été conduit, dans les délais ci-dessus, hors du lieu du domicile du vendeur, les délais seront augmentés d'un jour par cinq myriamètres de distance du domicile du vendeur au lieu où l'animal se trouve.

Art. 5. Dans tous les cas, l'acheteur, à peine d'être non recevable, sera tenu de provoquer, dans les délais de l'art. 3, la nomination d'experts chargés de dresser procès-verbal; la requête sera présentée au juge de paix du lieu où se trouvera l'animal. Ce juge nommera immédiatement, suivant l'exigence des cas, un ou trois experts, qui devront opérer dans le plus bref délai (1).

Art. 6. La demande sera dispensée du préli-

(1) Dans le cas d'action en résolution de la vente d'un cheval pour vice rédhibitoire (la pousse), il n'est pas nécessaire que l'assignation soit donnée dans les neuf jours de la livraison; il suffit que, dans ce délai, le demandeur ait présenté requête à l'effet de nommer des experts pour faire procéder à la constatation du vice redhibitoire.

Lorsque deux chevaux ont été achetés pour être attelés

minaire de conciliation, et l'affaire instruite et jugée comme matière sommaire (1).

Art. 7. Si, pendant la durée des délais fixés par l'art. 3, l'animal vient à périr, le vendeur ne sera pas tenu de la garantie, à moins que l'acheteur ne prouve que la perte de l'animal provient de l'une des maladies spécifiées dans l'article 1er.

Art. 8. Le vendeur sera dispensé de la garantie résultant de la morve et du farcin pour le cheval, l'âne et le mulet, et de la clavelée pour l'espèce ovine, s'il prouve que l'animal, depuis la livraison, a été mis en contact avec des animaux atteints de ces maladies.

ensemble, le vice redhibitoire de l'un d'eux peut entraîner, suivant les circonstances, la résolution de la vente des deux chevaux. (*Arrêt* de la cour de Paris, 1re chambre, du 22 février 1839.)

(1) Cette disposition n'est applicable que dans le cas où la demande est de nature à être portée devant le Tribunal Civil; car si elle n'excède pas 200 fr., elle doit être portée devant le juge de paix, ou devant le Tribunal de Commerce, quel que soit le chiffre de la demande, si le défendeur est commerçant. Dans ces deux derniers cas, la dispense du préliminaire de conciliation est de règle.

Suivant l'arrêt précité du 22 février 1839, il suffit, pour déterminer la compétence du Tribunal de Commerce, que le fait pour lequel l'action est dirigée contre un marchand soit un fait de son commerce, lors même que le demandeur ne serait pas marchand et qu'il aurait contracté pour son usage personnel.

FIN.

TABLE DES MATIÈRES.

FIN DE LA TABLE.

www.ingramcontent.com/pod-product-compliance
Ingram Content Group UK Ltd.
Pitfield, Milton Keynes, MK11 3LW, UK
UKHW022050170726
13837UKWH00002B/874